Roland Harrer

Wie ich über das Leben und den Tod,

Gott und die Welt denke.

Eine Sammlung eigener Gedanken und Zitate,

die mich auf meinem Weg begleitet haben

Über das Buch

Ich habe meine Gedanken über den Sinn des Lebens während vieler Jahre aufgeschrieben, Zitate aus Gelesenem hinzugefügt, die diese Gedanken bestätigen.

Andere Texte haben neue Gedanken hervor gebracht. Viele Texte und Zitate sind in diesem Band gesammelt.

Man kann diese Aussagen belächeln, spinnig finden, sie ablehnen, oder man kann sie annehmen als Wegzehrung zu einem inneren Frieden.

Und man kann sich wie immer zwischen dem Einen oder dem Anderen entscheiden.

Das Buch beginnt mit den aktuellen Texten, wenn man meine Entwicklung nachvollziehen möchte, muss man das Buch von hinten nach vorne lesen.

Warum?

Vermutlich wollen wir alle wissen wie die Welt so funktioniert.

Mit 14 bis 25 Jahren war meine Welt in Ordnung. Durch die Konfirmandenzeit mit der Jugendgruppe nah bei Gott, geborgen, behütet, beim Klettern beschützt. Alles war gut!

Dann standen berufliche Dinge im Vordergrund. Unter Anderem 15 Jahre im Rettungsdienst. Aber schon da kamen Fragen nach einem gerechten Gott auf: „Die Einen erwischt es, die Andern kommen durch." Dann noch der Tod meiner Nichte mit 28 Jahren und der meines Bruders mit 40 Jahren.

Was passiert da? Die Lebensbiographien sind so unterschiedlich, schicksalshaft, ungerecht, dass man, wenn man den irdischen Verlauf eines Lebens betrachtet, keinen gerechten Gott als Lenker erkennen kann.

Können wir nicht sagen: „Gott ist Schuld an der ganzen Weltensituation"? Können wir sagen: „Wir Menschen sind durch unser Fehlverhalten Schuld an den ganzen misslichen Umständen"?

Wo ist Gottes ordnende Hand? Gleicht sich das Schicksal im Laufe eines Menschenlebens aus? Nein!

Was war vor dem Leben und was ist nach dem Leben? Ist dort ein Ausgleich zu finden? Gibt es eine Seele?

Um all diese Fragen wollte ich mich als Rentner kümmern und habe dies auch ein Stück weit getan.

Der Weg

Mit ca. 30 Jahren habe ich von Reinhold Messner gelesen, als er ohne Sauerstoff den Mt. Everest bestiegen hat: „Streckenweise habe ich mir aus einem Abstand heraus zugesehen, wie ich mich abmühte, die gewaltigen Steigungen in dieser Höhe hinaufzuklettern".

Diese Aussage hat mich sehr beschäftigt. Kann man mit seinem Bewusstsein zwischen zwei Zuständen hin und her pendeln? Einmal im Wachzustand im Körper und einmal außerhalb des Körpers als Geistwesen mit allen Sinnen? Sehen, hören, fühlen? Ich habe inzwischen hunderte solcher Berichte gelesen.

Dieser Frage bin ich nachgegangen mit dem Ergebnis, das für mich schlüssig scheint, das ich glaube, das ich als sicher zutreffend annehme.

Jeder Mensch, alles Leben, alle Dinge haben einen geistigen Hintergrund, eine Seele als Ursprung allen Seins. Mit seinem Beginn im Göttlichen zeitlos und rein.

Die Seelenenergie bewirkt Leben und Materie, baut und erneuert meinen Körper. Ich bin mit meinem Bewusstsein nur eine Frucht des Seelenbaumes Roland.

Ein Ausflug meiner Seele in Raum und Zeit. Abstand vom Göttlichen gewinnen. Alle Erfahrungen anstreben. Bäume zu pflanzen. Familie zu gründen, Brücken zu bauen. Mein EGO zu ergründen, um auf der Höhe meines Daseins wieder zum Göttlichen zurückzukehren. Keine Bergtour endet auf dem Gipfel. Sie ist erst zu Ende, wenn ich wieder im Tal bin.

Bis heute beschäftige ich mich mit dem endlosen Bewusstsein, der zeitlosen Seele, dem Sein, dem EINS SEIN. Dem EINS SEIN mit dem Schöpfer, dem EINS SEIN mit der Schöpfung. ICH BIN!

Was ich glaube

Ich glaube an einen liebenden Gedanken. als Ursprung allen SEINS. Manche nennen ihn Gott.

Dieser Gedanke hat den wunschlosen Wunsch, sich auszudrücken in der Schöpfung.

Er hat als Ur-Energie, wie über Transformatoren, niedrige Energien transformiert und schuf dadurch Raum, Licht, Zeit und Materie. Auch die Materie ist reine Energie, bis in ihre kleinsten Bauteile.

Er hat das Leben geschaffen in geistiger Form. Jedes Leben als zeitloses Bewusstsein, Göttlich rein.

Er hat diesem Bewusstsein die Möglichkeit gegeben, sich individuell mit Raum, Zeit und Materie zu verbinden.

Bei der Verbindung mit Raum und Zeit beginnt die Dualität. Tag und Nacht, Gut und Böse, Gottbewusstsein und Menschbewusstsein. Die Wanderung der Göttlichen Seele ins menschliche EGO und zurück zu Gott.

Beim Menschbewusstsein oder Wachbewusstsein liegt das Gottbewusstsein hinter einem Schleier verborgen.

Aber es ist da, zeitlos, unverletzlich, Göttlich, als Teil Gottes. Ich bin Seele, Göttlich rein und frei und habe mir einen Körper gewählt.

Ich bin wie ein Wassertropfen, der Teil des Meeres ist. Ohne diesen Wassertropfen ist das Meer nicht vollständig. Nichts geht verloren, alles ist Eines.

Im Gottbewusstsein voller Glück und bewusster Gottesnähe, im Menschbewusstsein dem Wandel unterworfen: Raum und Zeit, Freud und Leid, Güte und Rücksichtslosigkeit. Schuld anhäufen auf dem Weg ins EGO und Erkenntnis gewinnen beim Weg zurück ins Göttliche Sein.

Die Dualität ist überwunden. Alles ist EINS, alles ist Gott. Nichts ist außerhalb von Gott.

Im Licht gibt es keine Dunkelheit! Ohne Materie gibt es keinen Schatten! Verlassen wir die Materie, so stehen wir im Licht!

Aristoteles, Platon, Roland 2017

Philosophieansätze

Es gibt verschiedene Philosophieansätze.

Aristoteles sagt, da ist Gott, dort ist die Schöpfung. Die Brücke, das verbindende Glied sind die Religionen, Christus. Durch Gnade und Vergebung zurück zum Schöpfer.

Platon denkt, Gott ist Liebe, Energie, überströmende Energie, wie der „Süße Brei". Die Energie fließt unendlich und verwandelt sich auf ihrem Weg in Raum, Zeit, Licht, Materie, Mensch. Alles Energie, alles Eins, alles Göttlich, alles Einheit. Nichts ist außerhalb dieser Einheit!

Meine Meinung ist: Alles bewegt sich in Kreisläufen. Alle Energie kehrt zu ihrem Ursprung zurück. Die Göttliche Energie ist das Herz dieser Kreisläufe, Ausgangs- und Endpunkt aller Geisteskräfte, aller Substanzen von Raum, Licht, Zeit, Materie. Alles bewegt sich in Kreisläufen. Planeten, Atome, Blut, Wasser. Die Kreisläufe schließen eine stetige Veränderung nicht aus.

Den Wasserkreislauf kann man gut mit den Leben, mit dem Bewusstsein vergleichen. Der Kreislauf ist zeitlos. An welcher Stelle bin ich? Steige ich als Wasserdampf in die Wolken empor, bin ich Regen, Quelle, Wasserfall, Strom oder Meer?

Gleite ich an der Oberfläche als Welle oder Gischt unruhig dem Meere zu, um unmittelbar den Kreislauf von neuem zu beginnen?

Gelingt es zur Ruhe zu kommen, in die Tiefe zu gelangen, in die Stille? Gelingt es dem Kreislauf zu entfliehen, in der Einheit zu bleiben?

Wenn du die Zeit überwindest, erfährst du dich als Ganzes, als Einheit.

Ich bin eins mit dem Göttlichen – ICH BIN!

Wasserkreisläufe

Gelangt ein Wassermolekül in einen Ozean, verweilt es dort schätzungsweise 100 Jahre, bis es wieder in den Wasserkreislauf gelangt!

Alexander Poraj, Willigis Jäger

Spiritualität

Im Unterschied zu den Religionen ist es das Anliegen der klassischen Spiritualität, den Glauben durch Erfahrung zu ersetzen.

In den Religionen ist dies die Erfahrung der Nähe der jeweiligen Gottheit.

Im Zen ist die Erfahrung die, dass alles absolut EINS ist!

Wer bin ich?

Meine wahre Identität ist nicht die Materie, sondern der Geist!

Der Geist, hinter einem Nebel verborgen, ist reine unverletzliche, unzerstörbare, unverbrauchbare Energie und hat seinen Ursprung im Göttlichen.

Der Geist oder die Seele ist die Software, die die Materie, die Hardware, gebiert, formt, erhält, belebt, das Wachbewusstsein schafft und hinter allen Dingen steht. Kein Klavier kann von sich aus eine Mozartsonate spielen!

Der Sinn des ganzen Erdenlebens ist ein Spiel, ein Wunsch der Seele, sich aus der Göttlichen Einheit zu entfernen, das Paradies zu verlassen, vom Baum der Erkenntnis zu essen, ins EGO zu wandern, Licht, Raum und Zeit zu erfahren, Bäume zu pflanzen, Familien zu gründen, Brücken zu bauen.

Um am Ende des Erdenausfluges an Erfahrung und hoffentlich an Erkenntnis reicher in die Einheit zurückzukehren.

Zeit – Zeitlos

Wenn du den Augenblick fokussierst, lebst du im Jetzt. Leidest, empfindest Schmerz oder Freude.

Wenn du die Zeit fließen lässt, verbreiterst du die Empfindung. Du verbindest das Vorgestern mit Gestern und Heute.

Die totale Finsternis oder die totale Freude verlieren ihre Spitzen, werden abgemildert, egalisiert.

Wenn du die Zeit stehen lässt und den Augenblick mit der Ewigkeit oder der Zeitlosigkeit verbindest, gelangst du in eine schwebende Gelassenheit, einen Gleichmut, erlangst Frieden.

Hans Küng

Menschengeist – Gottesgeist

Geist steht im Gegensatz zum Fleisch, das heißt, im Gegensatz zur Schöpfung. Was ist der Geist, der Heilige Geist? Es ist niemand anders als Gott selbst. Die von Gott ausgehende Macht. Der Menschengeist, unterschieden vom Heiligen Geist, dem Gottesgeist.

Küng versteht den Heiligen Geist als dynamische Wirklichkeit, die von innen den unterschiedlichen Entwicklungsprozess der Welt ermöglicht, durchwaltet und vollendet.

Gott ist selbst Ursprung, Mitte und Ziel des Weltprozesses unter Berücksichtigung der Naturgesetze und Respektierung meiner Freiheit.

Küng versteht Gott als die unendliche Wirklichkeit und die Welt, die Schöpfung, als endliche Wirklichkeit.

Hans Küng Thomas von Aquin

Das Böse, das Gute

Gott will das Böse nicht, er ist doch der unendlich Gute, der Gerechte, der Heilige.

Gott will das Böse aber auch nicht nicht, sonst gäbe es in der Tat keine Schlechtigkeit in der Welt.

Gott lässt das Böse zu. Er erlaubt das Böse, uns zur Erziehung und zur Strafe.

Küng überzeugt diese Formulierung nicht. Er meint, dass das Menschliche, Endliche, Gebrechliche, die Schwäche, das Negative, Göttliche Momente sind. Dass es in Gott selbst ist. Dass die Endlichkeit, das Negative, das Anders sein nicht außer Gott ist, und dass Anders sein die Einheit mit Gott nicht hindert.

Elisabeth Deufel

Reines Bewusstsein

Wir sind alle spirituelle Wesen, die menschliche Erfahrungen machen müssen, um wissend und weise zum Ursprung, zu Gott, zurückkehren zu können.

Um eins zu werden mit dem vollkommenen, reinen Bewusstsein, das in uns ist – aus dem wir sind.

Einstein

Keine Energie geht verloren und in ihrer Essenz ist letztlich alles Lichtenergie.

Immanuel Kant

Raum und Zeit sind keine objektiven Wirklichkeiten, sondern Werkzeuge unseres Weltverstehens.

In der wahren Wirklichkeit kommen sie nicht vor.

Platon

In der unstofflichen Welt gibt es keine Zeit. Der veränderliche, stoffliche Körper ist der zeitweilige Träger der Seele, die ewig besteht.

Der Tod ist ein Erwachen, ein sich Erinnern der Seele.

Die unstoffliche Seele besitzt für Platon einen höheren Wert, als der stoffliche Körper.

Van Lommel

Hinduismus

Wenn der Mensch sich vollkommen bewusst ist, dass die Seele schon immer da war und der Mensch in seinem Wesen unsterblich ist, kann sich das SELBST mit dem Göttlichen verbinden.

Wird dieses Bewusstsein nicht erreicht, erzeugt sein Ichgefühl die Illusion, dass es mit seinem Körper eins ist.

Das Selbst ist überall, leuchtend, körperlos, heil, makellos, rein, über alles erhaben, weise, klug, allumfassend. Allen Dingen im ewigen Zeitenraum gibt es einen Ort.

Die Seele ist nicht erschaffen, sie ist ihrem Wesen nach Bewusstsein und vollkommen.

Gottvertrauen

Das Christentum mit seinem Gottvertrauen hält es nicht aus, wenn wir von einem Schicksalsschlag getroffen werden.

Gott hat's gegeben, Gott hat's genommen. Gelobt sei der Name des Herrn!

Das aus Erfahrung gewonnene Vertrauen, behütet zu sein, zerbricht, wenn der Tod eines geliebten Menschen eintritt, wenn ein Lebenstraum zerbricht oder die Sinnhaftigkeit des Lebens in Frage gestellt wird. Warum ich?

Eventuell hilft der Glaube an die Reinkarnation weiter. Der Glaube an ein zeitloses Bewusstsein, alle Erfahrungen anstrebend. Gerechtigkeit durch den Ausgleich von Erfahrungen in früheren Leben.

Reinkarnation und Bibel

Johannes 3, Vers 6-7 „Was aus Fleisch geboren ist, das ist Fleisch. Was aber aus Geist geboren ist, das ist Geist. Wundere dich nicht, dass ich dir sage, ihr müsst von neuem geboren werden."

Matthäus 11, Vers 13-14 „Denn bis hin zu Johannes haben alle Propheten und das Gesetz geweissagt. Und wenn ihr es gelten lassen wollt: „Ja es ist Elija, der wiederkommen soll."

Im Konzil 553 n. Chr. lehnt die Christliche Kirche offiziell und definitiv die Idee der persönlichen Wiedergeburt ab.

Reinkarnation ja oder nein

Gibt es einen Widerspruch zwischen der Reinkarnationstheorie oder der christlichen Theorie, durch Gnade zu Gott zu gelangen?

Ist es nicht möglich, wenn man bei Gott ist, dass man den Wunsch verspürt, sich wieder in Menschengestalt, den Menschen helfend, auf die Erde zu begeben?

Oder auch nur um eine neue eigene Erfahrung zu machen! In Verbindung mit dem Göttlichen ist der Faktor Zeit nicht vorhanden.

Hans Küng

Auferstehung

Sein Tod war das Ende nicht! Auferweckung meint nicht die Gespenstergeschichte von einem wiederbelebten Leichnam, sondern die Osterbotschaft, dass Jesus bei Gott ist!

Nicht in ein Nichts hinein gestorben, sondern in die wirklichste Wirklichkeit hinein.

Es geht nicht um eine Rückkehr oder um eine Fortsetzung des bisherigen Lebens in Raum und Zeit, sondern in eine Aufnahme in Gottes ewiges Leben.

Gebet

Gott schuf den Menschen Ihm zum Bilde!

Zum Bilde Gottes schuf er Ihn!

Wer ist Gott? Hat er Menschengestalt?

Oder ist Gott Geist und der Mensch in seinem Wesen ebenfalls Geist? Als ewiges Wesen in unterschiedlicher Form.

Kann ich zu Gott beten als Geist?

Für mich ist es einfacher zu einem Christus zu beten, oder zu einer anderen Gestalt, da jede Gestalt eine Teilmanifestation des Göttlichen Geistes ist!

Am Fluss der Zeit,

jede Welle ein Erlebnis, jede Biegung ein Lebensabschnitt. Alles kommt auf mich zu, alles geht vorbei.

Ich kann mein Gesicht in den Fluss tauchen und jede Welle intensiv spüren. Ich kann den Fluss betrachten und das Fließen mit Interesse beobachten. Ich kann den Fluss vom Flugzeug aus betrachten, als Ganzes.

Ich kann den Betrachterstandort auswählen, selbst bestimmen, wie nah mich ein Ereignis trifft, berührt.

Das Harte, aus der Distanz, das Weiche, ganz nahe.

Lass die Wellen mit deinem liebenden Einverständnis weiterziehen

Wer bin ich?

Bin ich Geist?

Bin ich Materie?

Wenn ich mich mit der Materie identifiziere, bin ich vergänglich.

Wenn ich mich mit dem Geist identifiziere, bin ich lebendig, über alle Zeiten hinweg.

Ich bin frei zu entscheiden, ob ich Leben oder Sterben möchte!

Bewusstsein

Wenn Du begreifst, dass Du nicht Materie, sondern reines Bewusstsein, reiner Geist bist, verändert sich Deine Welt!

Ja, ich bin EINS mit dem Schöpfer, EINS mit der Schöpfung, Eins mit allen Dingen!

Ich BIN!

Hans Peter Dürr

Einheit

Ich erlebe nichts, was um mich herum ist, als abgetrennt von mir. Ich bin nicht ein Teil, sondern ein Beteiligter.

Wir sind nicht nur passive Teilnehmer, sondern wegen der originären, kreativen Form der Wirklichkeit auch Mitwirkende.

In einem unaufgetrennten Beziehungsgefüge kann der Schöpfer nicht außerhalb der Schöpfung sein, sondern findet sich in der Schöpfung selbst.

Hans Peter Dürr

Zukunft

Die Zukunft ist nicht vorausbestimmt, aber sie entwickelt sich innerhalb bestimmter Gesetzmäßigkeiten.

„Gott ist selbst erstaunt, was als nächstes passiert." Die Zeit ist die Dimension, in die hinein sich die Lebendigkeit entwickelt.

Veränderungen entstehen in einem instabilen Gleichgewicht. Wie bei einem Pendel, das auf dem Kopf steht.

In dieser Lage erkennt das Pendel nicht, nach welcher Seite es herabfallen soll. Es bleibt zunächst schüchtern oben stehen.

Ein Zustand der Leere, der Meditation, den es zu erreichen gilt. Neue Gedanken können reifen.

Lebensweisheiten

Eine Lebensweisheit berührt nur wenige.

Nur für den, der diese Weisheit versteht

- kann sie sich anhören, wie Klänge des Friedens und der Liebe,

- kann sie aussehen wie ein wundervoller Blumengarten,

- kann sie riechen wie ein blühender Fliederzweig,

- kann sie schmecken wie Wüstenhonig,

- kann sie sich anfühlen, wie eine liebevolle Zärtlichkeit,

Und was ist eine Lebensweisheit? Es gibt unzählige. Von wenigen werden wir berührt, wenige führen zu neuen Erkenntnissen.

Baukasten

Die Welt ist wie ein riesiger Legobaukasten. Die Seelen- und Geisteskräfte nehmen sich die einzelnen Bausteine und bauen sich daraus die Körper, die sie darstellen wollen: Einen Tisch, ein Tier, mich, einen Menschen. Im Fortschritt der Bauarbeiten werden die Baukörper nach Bedarf belebt.

Je nach individueller Bedeutung gehen dem Tisch, dem Tier, dem Menschen, die Erinnerung an den Baumeister, der Seele, verloren.

Er, Es, Ich erkenne mich selbst, als Tisch, als Tier, als mich selbst, als Roland.

Mögen wir uns an die Baumeister unserer Körper erinnern. Mögen wir erkennen, dass wir nicht Tisch, sondern der Baumeister selber sind und nicht nur ihre Werke.

Unsere wahre Identität ist nicht der Körper, sondern der Geist.

„Tisch du brauchst kein Leben. Du tust als wunderbarer Tisch einen großen Dienst für alle, die dich brauchen. Danke."

Perspektive

Aus großer Höhe erscheint eine Menschenmenge wie eine bunte, feste Fläche. Gehe ich näher ran, erkenne ich Bewegungen. Mitten drin ist alles ein Gewusel.

Wenn ich eine Tischplatte betrachte, sehe ich ebenfalls eine feste Fläche. Mit entsprechenden Mikroskopen sehe ich Moleküle, Atome.

Noch näher daran sehe ich nur noch den Atomkern und wie in einem Planetensystem einige Elektronen darum herum fliegen, dazwischen riesige Räume. Energie hält das Ganze in seinen Bahnen zusammen und vermittelt dadurch den Eindruck, dass es sich um ein festes Material handelt.

Im Prinzip handelt es sich aber um einen fast leeren Raum.

Nach Hans Peter Dürr gibt es keine Materie, sondern nur ein Beziehungsgeflecht unterschiedlicher Energien. Man könnte es auch Geist nennen.

Neues Testament

Die Kirchenleute analysieren das Neue Testament, jedes einzelne Wort in allen Sprachen und konstruieren daraus Doktorarbeiten. Gut so!

Mich interessiert die Synthese! Ich würde das Neue Testament in einem großen Mixer häckseln, dann mischen und danach den großen Haufen strahlender Liebe bewundern.

Paradies

Wenn man in das Paradies kommen möchte, muss man das im Hier und Jetzt versuchen, im eigenen Innern! Es ist möglich! Wenn auch eventuell nur für Augenblicke.

Denkt das Gehirn?

Sind übersinnliche Erfahrungen, wie sie in Nahtoderfahrungen beschrieben werden, zum Beispiel: Der Lebensfilm, der Tunnel ins Licht oder die Paradiesschau nur ein Flackern im linken Schläfenlappen, wo Gehirnforscher die entsprechenden Aktivitäten lokalisiert haben?

Oder sind die entsprechenden Gehirnareale nur der Übersetzer, der Hardwareanteil, der diese Erlebnisse ins Wachbewusstsein transformiert?

Von außerkörperlichen Erlebnissen wird in der Literatur millionenfach berichtet. Zum Beispiel Beobachtungen aus der Distanz von der Zimmerdecke auf den eigenen Körper im Bett.

Ist das nicht ein Hinweis darauf, dass der Mensch, die Materie Mensch, einen geistigen Hintergrund hat, oder besser, der Mensch ein geistiges Wesen ist, das einen Körper hat?

Sind nicht alle Sinne des Menschen im geistigen Menschen verortet und das Gehirn ist nur ein Werkzeug, ein Übersetzer, um das Erfahrene ins Wachbewusstsein zu transformieren?

Wer anerkennt, dass der Mensch ein geistiges Wesen ist, überwindet die Materie, überwindet den Tod!

Eins mit Gott?

Ich bin nicht getrennt von Gott, also bin ich Gott?

Ein Wassertropfen würde auch nicht sagen, ich bin das Meer.

Und trotzdem ist der Wassertropfen Teil des Meeres, Teil des Ganzen.

Ohne den Wassertropfen ist das Meer nicht vollständig.

Und deshalb bin ich Göttlich, frei, raum- und zeitlos, grenzenlos, eins mit Gott!

Schöpfung

Gott als Quelle der Liebe und des Lichtes möchte die Liebe und das Licht nicht nur in sich ruhen lassen.

Er möchte diese Energien fließen lassen. Er denkt sich Schöpfung aus, Zeit und Raum.

Er reduziert seine reinen Energien und gestaltet aus Licht Materie, aus Liebe Leben.

Er schenkt den Menschen den freien Willen, um aus der Göttlichen Vollkommenheit ins EGO zu wandern. Alle Erfahrungen anstrebend, um danach ins Göttliche zurückzukehren.

So wie ein Mensch nicht nur in sich ruht, um im Göttlichen zu verweilen, sondern um seinerseits schöpferisch tätig zu sein.

Zu lieben, Familie zu gründen, Bäume zu pflanzen, Brücken zu bauen. In die Welt hinauszugehen. Zu leiden, sich zu freuen, um im Herbst des Lebens den Weg ins Göttliche zurückzugehen, den Kreis zu schließen.

Raum und Zeit hinter sich zu lassen. Die Einheit zu vollenden.

Bin ich Christ?

Vergebung der Sünden? Für uns alle am Kreuz gestorben? Vor 2000 Jahren? Für X Milliarden Menschen? Oder nur für Privilegierte? Und die Tiere?

Ich möchte nicht, dass Jesus für mich gefoltert und gekreuzigt wurde oder noch immer wird. Ich möchte kein Lamm Gottes, das die Sünde der Welt trägt.

Das ist mir zu einfach. Alles abgenommen zu bekommen, frei zu leben, frei zu entscheiden und am Ende ein wenig zu bereuen. (Hoffentlich verpasse ich das nicht.) Das ist mir zu nahe am EGO!

Für mich wurde das Alte Testament durch das Neue Testament abgelöst. Ist Jesus Gott? Wenn Ja, bin ich als Bruder ebenfalls Göttlich?

Alles, was über Jesus berichtet wird, zeugt von einer vollkommenen Liebe. Ich denke, Jesus hatte wie wir, eine vollkommene, Göttlich reine, zeitlose, raumlose Seele. Eine Quelle der Liebe.

Im Gegensatz zu uns hat er sich in seiner körperlichen Zeit nie gegen die Liebe entschieden (freier Wille) und konnte dadurch die Liebe vorleben und lehren.

Ich bin der Weinstock, ihr seid die Reben. Alles verwurzelt in der Weltenseele, dem fließenden Gedanken der Liebe.

Gnade

Hohelied der Liebe. 1. Kor 13. „Sie ist langmütig, freundlich, sie eifert nicht, sie bläht sich nicht auf, ist geduldig, sie rechnet das Böse nicht zu, sie ist gerecht, wahr, sie verträgt ALLES, glaubt ALLES, hofft ALLES, duldet ALLES, sie hört nimmer auf. Sie ist vollkommen."

Ich sehe ein Quellbecken, gefüllt mit Wasser. Das Wasser bewegt sich in sanften Wirbeln und fließt über den Rand, wie bei einem Brunnen.

Es hört nimmer auf. Ich kann in diesen Brunnen alle Sorgen, Nöte, Schmerzen, alles Dunkle und Enge hineinlegen.

Alles löst sich auf, wird weggeschwemmt, verdünnt, wird hell. In kurzer Zeit ist alles wieder klar und rein, alles ist frei und immer neu. Das ist Gnade.

Auch unsere Seele ist zeitlos, rein und eins mit dem Göttlichen und mit allen Dingen.

Roland 2007

Dualität und Einssein

Gott sagt nicht „Ich liebe dich".

Er sagt „Ich bin die Liebe", und wer in der Liebe bleibt, der bleibt in Gott und Gott in Ihm. Das ist die Aufhebung der Dualität. Natürlich liebt Gott Dich, aber genau so ist Er die Liebe. Gott ist die Blume, die ihren Duft verströmt, der Bach, der seine Melodie der Nacht singt.

Gott ist das Wasser –

das die Niagarafälle hinabstürzt,

das seine Schönheit im Eiskristall zeigt,

das in der Quelle plätschert,

das im Regentropfen wie ein Diamant leuchtet,

das als Wolke die Sonne verdunkelt,

das als Tsunami Welle über das Meer eilt,

das einige Meter unter der Meeresoberfläche zur Ruhe

kommt,

das in der Tiefe das Licht und die Zeit hinter sich lässt.

Gott ist natürlich das Wasser in all den unendlichen Formen, aber er ist auch nur ganz einfach Wasser!

Die Sonne versinkt im Meer.

Sie strahlt. Sie blendet.

Sie verliert ihren hellen, aufregenden Glanz.

Das Auge kann das Licht jetzt gut ertragen, es berührt.

Das Licht wird dunkler, Friede breitet sich aus.

So, wie der Tag sein Licht verliert,

so wird der Atem zur Ruhe kommen,

so wird das Herz müde werden,

so wird die Wanderung vom SEIN zum EGO und vom

EGO zum SEIN (Ich bin) zu Ende kommen,

so wird die Zeit die Eile verlieren und in das Sein zurückkehren,

so, wie das Licht des Bewusstseins schwindet,

wird das Licht der Einheit aufgehen mit aller Macht,

das Licht, das immer da war,

getrennt nur durch einen Schatten.

So, wie ich alleine vom Eiskristall zum Meer und zur Wolke gewandert bin und doch immer nur Wasser war,

so bin ich durch das Leben gewandert und war doch immer Göttlich.

Und da die Zeit nur in Verbindung mit Materie besteht, war ich in Wahrheit nie vom Göttlichen getrennt.

Ich bin EINS mit allen Dingen. ICH BIN!

Base Jumping

Ich habe einen Film über Base Jumping gesehen und gedacht, dass es an der Absprungkante Parallelen zum Sterben gibt. Die Überwindung loszulassen!

Der Base Jumper kennt das Risiko, es ist hoch und das Überleben ist nicht nur von seiner Erfahrung abhängig. Er vertraut jedoch seinem Fallschirm und springt.

Der Tod fordert diesen Sprung auch!

Der Atheist springt in ein Ende, aus, dunkel, still.

Jonathan aus den Brüdern Löwenherz springt nach Naijala.

Ein Christ springt in Gottes Hand.

Ein Hinduist springt in ein geistiges Reich, das er eventuell wieder verlassen muss.

Man kann diesem Sprung, diesem Fallenlassen, nicht ausweichen.

Es könnte im Schlaf geschehen!

Es könnte nach langem Verweigerungskampf ein Verlierer Ende sein!

Auf alle Fälle ist eine gedankliche Auseinandersetzung mit diesem Thema bereits im Vorfeld hilfreich für die Stunde an der Absprungkante.

Wo bin ich?

Wo ist das Bewusstsein verortet?

Ist das Bewusstsein, meine Persönlichkeit, mein ICH BIN, mein EGO, nur die Folge von Schaltvorgängen im Gehirn, also der Materie zugeordnet?

Oder liegt hinter der Materie eine geistige Ebene, eine Energieebene? Eine Seele?

Bedarf die Hardware im Gehirn nicht einer Software aus einem geistigen Bereich?

Sicher ist es heilsam, sich aus dem EGO zurückzuziehen und die Seele als Heimat zu suchen. Dort finden wir die Einheit des Lebens, des Göttlichen, der Liebe.

Reise ins EGO

Die Reise ins EGO ist gewollt! Geboren werden als Mensch, um durch den freien Willen Abstand zum Göttlichen zu erhalten.

Die Gottferne zu erfahren, um mit der Lebensreife wieder in die Einheit zurückzufinden.

Wer nie fort war, kann nicht nach Hause kommen!

Erwirb es, um es zu besitzen!

Erkenntnis kann nur gewonnen werden, wenn man die Distanz erlebt hat.

Roland 2015

Ich bin ein Wassertropfen im Ozean der Zeit.

Manchmal Wolke, manchmal Regen, Quelle,

Manchmal aber auch Teil der Stille im Meer!

Zwei Seelen hab ich Herr in meiner Brust!

Das dem EGO zugewandte Tagbewusstsein und

Das tiefe Gottbewusstsein, die Seele,

Göttlich, rein und frei.

Roland 2010

Die Wanderung des Lebens vom Göttlichen ins EGO und zurück.

Geist, Licht, Klang, Materie.

Die Seele hat einen Körper, nicht der Körper hat eine Seele.

Nicht lieben, sondern Liebe sein.

Eins sein mit allen Dingen! Wir sind nicht getrennt von Gott.

Suchen – Finden

Wenn du einen Weg gehst und aufmerksam alles beobachtest, alles aufnimmst, alles erleben möchtest, bist du im „Suchmodus".

Wenn du voller Freude, ohne Erwartungen einen Weg gehst, bist du im „Findermodus".

Im Findermodus freust du dich über zufällige Begegnungen, hast Zeit, bist zufrieden. Der Weg übertrifft deine Erwartungen, ein Grund glücklich zu sein.

Im Suchmodus hast du Ziele, Erwartungen, Hoffnungen, Eile. Ein ausgefülltes, verplantes Leben. Eine Unruhe und eine Hast.

Clemens Kuby

Wandel

Im eigentlichen Leben sind Tod und Zeugung nur Aggregatswechsel, mehr nicht. Ein Aggregatswechsel von Wasser zu Dampf oder zu Eis.

Es ist viel besser, sich mit dem Wasser zu identifizieren, als mit Dampf oder Eis. Eis schmilzt, Dampf kondensiert, übrig bleibt Wasser.

Wasser ist wie Energie. Auch die Energie kann nicht vergehen, sie kann sich nur wandeln.

Definieren wir also unser Leben nicht als körperliches Leben, sondern achten wir auf unsere geistige Entwicklung. Diese hat über Inkarnationen hinweg Bestand.

Clemens Kuby

Heilung

Wir sind geistige Wesen! Auch ein Atom besteht zu 99,9% aus Geist.

Das Wasser, die Berge, die Wälder, die Felder, die Erde, das Metall, das Feuer, die Luft, alles ist lebendiges, intelligentes, liebevolles Wesen.

Alles sind individuell ausgeprägte, verdichtete, geistige Prozesse, die eine vorübergehende Manifestation gefunden haben.

Auch unser Vorsatz, unser Wille zur Heilung, soll sich manifestieren! Die Idee, mit der wir gesund werden wollen, soll Wirklichkeit werden!

Das Ganze

Ich brauche keine Zeit mehr für mich, denn ich habe alles getan, was ich im Leben tun wollte.

Hast du erst einmal entdeckt, dass du das Ganze bist, kann dir nichts mehr genommen werden.

Der Friede ist nicht außerhalb von dir, sondern in deinem Innern.

Es gibt keine verschiedenen Wesenheiten. Ich, die Welt, Gott, alles ist Eins. Eine einzige Existenz. Und diese Totalität ist nichts anderes als ein Bewusstsein, ein Bewusstsein ohne Beschränkungen, außerhalb von Zeit und Raum.

Ein Bewusstsein, das alles durchdringt, das alles trägt, und sich in jeder Erscheinungsform manifestiert. Dieses reine Bewusstsein ist die Realität hinter dem gewöhnlichen Bewusstsein. Es ist Atman, es ist Gott.

Tiziano Terzani

Wer bin ich?

Du bist alles, Gott Schöpfer, aber das ICH, ist nicht das ICH, das geboren wurde und wieder stirbt. Nein, es ist das unwandelbare SELBST als reines Bewusstsein.

Dieses Selbst und sein Göttliches Wesen zu erkennen, das ist das wahre Ziel des Menschenlebens!

Tiziano Terzani

Sünde

Die Veden kennen keine Sünde und schon gar keine Erbsünde. Unser Begehren und Verlangen sind nicht verwerflich, sondern gehören zum Leben dazu. Diese Verlangen binden uns jedoch an die Welt. Frei können wir erst sein, wenn wir diese Verlangen überwinden.

Du musst deinen Geist beruhigen, nur dann kannst du deine innere Stimme hören. Aber du darfst nicht ungeduldig werden, vielleicht ist es nur ein Tropfen. Doch wenn er kommt, wird dieser Tropfen wie ein Ozean sein.

Was dann in dir spricht, ist die Stimme des inneren Menschen, des kosmischen Menschen, des SELBST. Nenne es wie du willst, Geliebter, Gott, Buddha. Es ist da! Und es ist dein wahres ich, ihr seid eins, du bist jenes, du bist Gott.

Schmerzen

Ich habe Rückenschmerzen, die Nerven sind eingeklemmt, die Bandscheiben drücken auf die Nerven. Ich soll operiert werden. Wird die Operation gelingen oder verschlechtert sich mein Zustand noch? Wird es ganz aus sein mit meiner Lebensqualität?

Diese Gedanken muss ich ändern. Mein Körper produziert jede Minute 300 000 neue Zellen, baut neue Organe, Blutgefäße, Bandscheiben usw.

Jederzeit ist der Körper in der Lage, einen Defekt auszuheilen. Es ist möglich. Denke in dieser Richtung. Man kann darum bitten, daran glauben. Heilung kann geschehen!

Paradies

Unsere Heimat ist das Paradies. Der Apfel ist die Erkenntnis des freien Willens. Die Vertreibung aus dem Paradies ist ein freiwilliges Hinauswandern ins EGO. Mögen wir einst den Weg zurück finden.

Die Vertreibung aus dem Paradies ist das scheinbare Getrenntsein zwischen Seele und Bewusstsein.

Aus Tradition, Erziehung, Erfahrung, Umfeld, werden Wände erstellt, die uns die Sicht der freien Gedanken auf unsere Göttliche Seele verstellen. In Wahrheit sind wir ungetrennt. Wir werden es einst alle erfahren.

Wenn man mit dem Gedanken weg kommt vom EGO, vom Körperlichen und die Verbindung, das Einssein mit der Seele sucht, kann man auch in eine wundervolle Betrachterrolle kommen.

Man betrachtet das EGO, den Schmerz. Wissend, dass ich EINS bin mit meinem vollendeten ICH BIN! Nichts kann mich davon trennen.

Bewusstsein

Es ist auf unsere grundlegende Verblendung zurückzuführen, dass wir dasitzen und denken:

In Wirklichkeit bin ich Roland und ich tue so, als sei ich reines Bewusstsein, während die Wahrheit ist:

Ich bin reines Bewusstsein und tue so als sei ich Roland!

Vier Welten Theorie

Die Außenwelt umfasst: Raum, Zeit, Materie, Naturgesetze, den heutigen Forschungsstand. Alles darüber Hinausgehende wird abgelehnt.

Das Bewusstsein umfasst: Innere Sinne, Ideen, Vorstellungen, Irrtümer usw. Beispiel: Ein Buch zu lesen ist Außenwelt. Den Inhalt mit Freude, Trauer, Hoffnung zu erfüllen, ist Bewusstsein.

Das Jenseits umfasst: Die Ebene der Träume mit Erfahrungen und Erlebnissen, die nicht mit den Stufen 1 + 2 erklärbar sind. Zum Beispiel: Dehnung und Stauchung der Zeit, Fliegen können, unlogische Dinge erleben und sehen.

Die Innenwelt: Sie ist Göttlicher Natur und Heimat des (Archetypen) ICH BIN mit allen Informationen und der Lebenskraft. Zum Beispiel enthält ein Apfelkern die gesamte Information über den Baum.

Die Gene der Biologie, schaffen nicht aus sich heraus das Leben, vielmehr sind sie nur die Instrumente der Lebenskraft. So, wie auch das schönste Klavier keine Mozart Sonate spielen kann. In der Innenwelt herrscht eine Göttliche Harmonie!

Roland 2006

Entwicklung

Ich lebe in meinem Bewusstsein, empfinde Schmerz, Freude, Hunger, Zeit. Ich denke über Gott und den Sinn des Lebens nach. Ich beginne zu akzeptieren, dass ich nicht nur Biomasse bin, sondern dass ich eine Seele habe. Ich betrachte die Seele als Gast in meinem Körper.

Ich empfinde, dass die Seele etwas Konstantes, etwas Ewiges, also Zeitloses sein muss und dass die Seele eine Verbindung zum Göttlichen hat. Ich akzeptiere, dass die Seele und das Göttliche nicht außerhalb, sondern zentral in mir sind.

Ich überlege, was die Seele eigentlich ist. Vielleicht Licht, vielleicht ein Göttlicher Gedanke, vielleicht Liebe? Vielleicht überhaupt das Göttliche! Ich erkenne, dass Gott und Seele eins sind, und damit eine Verbindung zu allem Leben und allem Sein gegeben ist.

Ich versuche mein EGO, mein Bewusstsein, mein Denken auf meine Seele zu konzentrieren und erkenne, dass nicht die Seele Gast in meinem Körper ist, sondern dass mein Körper Gast meiner Seele ist.

Ich versuche es, mich aus der Sicht der Seele zu sehen. Ich beginne, mich von außen zu betrachten, meinen Schmerz, meine Schwäche, meine Freude. Ich kann mich liebend annehmen, behüten. Ich kann erkennen, dass das Göttliche die Quelle ist und ich Brunnen sein darf.

Ich erkenne, dass Quelle und Brunnen Eins sind mit allem Leben, allem Sein, alles in Wandlung. Alles, Eis – Wasser – Dampf – Regen – Quelle – Fluss – Wasserfall – Wolke, alles vereint, alles Göttlich, alles Gott ist.

Es gibt nichts außerhalb von Gott. Auch Terror, Krieg, Naturgewalt, Tod, Leben. Alles EINS mit Gott. Alles aus Liebe, dem Menschen helfend. Im vergangenen oder zukünftigen Leben die Erkenntnis der Einheit zu fördern. Die Zeit zu überwinden. Alles ist gut!

Ungerecht

Immer weniger Menschen können in einer inneren Ausgewogenheit leben, in einer Einheit mit allen Dingen, alles achtend, alles liebend, teilnehmend und mitfühlend.

Im Alltag legen sich viele Menschen Strategien zurecht. In der Familie liebend oder berechnend. Im Beruf rücksichtslos, gewinnmaximierend, bei Angriffen auf die eigene Person brutal oder gewaltbereit. „Zwei Seelen hab ich Herr in meiner Brust", Schlitzohren, gespalten. Auch Christen fragen sich viel zu selten: Wie würde Jesus entscheiden?

Iran, Krieg. Ich stelle mir die Bilder von Präsident Bush vor, wie er im Kongress für den Krieg wirbt, selbstbewusst, überheblich, grinsend. Würde man Jesus daneben stellen mit seiner Feindesliebe, würden die Abgeordneten mit großer Mehrheit schreien: „ Tut den Mann endlich in die Klapsmühle". Würde man den Dalai Lama daneben stellen, würden die Abgeordneten genauso schreien: „ Schickt den Fremden zu seinen Yetis zurück". Nichts wäre anders als vor 2000 Jahren.

Ganz wenige würden mit Herzklopfen und Tränen in den Augen, den Saal verlassen.

Gleichnis

Stelle dir vor, das Göttliche, Gott, ist das Wasser, jetzt und in diesem Moment in der Form einer Reihe Eiszapfen, die du durch das Fenster an der Dachrinne hängen siehst. Das Wasser ist geborgen in der ruhenden Form von Eis.

Die Sonne löst langsam einen Tropfen. Eine Weile hält er sich noch an der Spitze des Eiszapfens fest, ängstlich? Aber dann muss er loslassen und fällt.

Er entfernt sich von der Mutter, dem Göttlich Ruhenden, er wird geboren. Eine kleine Zeit ist der Tropfen ganz alleine. Vielleicht frägt er sich, ob es einen Gott gibt. Er macht die Erfahrung als Individuum.

Er fällt auf die Erde. Vielleicht wird er unsichtbar, weil eine Blume ihn aufgenommen hat. Vielleicht hat die Sonne ihn Dampf werden lassen und er steigt zum Himmel auf.

Eines Tages wird er Regen, Quelle, Fluss sein. Eines Tages wird er im Meer ausruhen. Frieden. Aber eines Tages wird er wieder als Tropfen vom Himmel fallen und sich einbilden, er wäre ganz alleine. Und doch ist er nie vom großen Einen getrennt gewesen.

Entwicklung

Sich zurechtfinden im Körper, in der Umwelt, im Leben, im Beruf, bei Erfolg, heißt, in der Materie leben.

Die Gedanken sind seit der Geburt damit beschäftigt zu begreifen, zu lernen, zu verstehen und danach auch hoffentlich zu hinterfragen und zu entscheiden. Möchte ich Erfolg oder möchte ich Glück?

Die kindliche Gottesnähe wird durch die normalen Lernprozesse und Erfahrungen, auch durch Erziehung und freie Entscheidungen, hinter tausenden von Wänden und Barrieren versteckt.

Es ist schwer, sich als erwachsener Mensch mit der Frage - Glück oder Erfolg - auseinanderzusetzen. Beide Begriffe scheinen vereint zu sein.

Stellt man die Frage nach Glück, innerer Ruhe, kommen die Gedanken ins Fließen. Die vorgenannten Barrieren werden durchdrungen. Gottes Nähe wird wieder spürbar.

Alle Barrieren überwinden, eins werden mit dem Göttlichen, eins sein mit der Liebe.

Gott hat den Menschen geschaffen aus Erde oder aus einer Rippe oder aus was auch immer. Das alles war nur ein Klumpen. Das Entscheidende daran ist doch, dass er diesem Klumpen das Leben einhauchte.

Geist verbindet sich mit Materie. Der Geist ist zeitlos. Die Materie ist der Vergänglichkeit ausgesetzt. Ist der Tod eine Wirklichkeit oder nur eine Trennung von Körper und Seele, das Verwandeln vom begrenzten Bewusstsein zum unbegrenzten Seelenbewusstsein?

Das Leben wird eingehaucht. Wessen? SEINS! Wir sind Göttlich. Unsere Seele und Gott sind eins.

Mögen sich unsere Gedanken, unserem Seelenbewusstsein nähern, der Einheit aller Dinge, allen Lebens, der Liebe.

Ich Bin

Mein ICH BIN, mein Gotteslicht, mein Göttlicher Funke strahlt aus, zeitlos, ewig. Ich darf in dieser Strahlung geborgen sein, zu Hause.

Auch, wenn sich mein Bewusstsein von meinem ICH BIN entfernt hat, wird es dorthin zurückkehren. Denn es ist EINS mit meinem ICH BIN, getrennt nur durch Schatten, selbst errichtete Mauern, Erziehung, Etikette.

Zurück zur Quelle, zur Ruhe, sich vom EGO entfernen. Zurück zum Einssein mit allen Dingen, allen Lebens. Zurück zum Göttlichen ICH BIN!

EGO

Mein Ursprung, meine Seele, mein ICH BIN ist zeitlos, Göttlich, Teil Gottes mit allem Zugang und der Erkenntnis der Vollkommenheit. Es ist unzerstörbar und kann nicht beschädigt werden.

Es kennt keinen Tod und ist die Brücke zu allem Leben und zu allen Dingen. Ich bin eins mit allen Dingen und ich bin eins mit Gott. Ich bin ein Brunnen aus Gottes unendlich fließender Quelle, ein Licht, das hinausleuchtet.

Weshalb habe ich den Zugang zur Vollkommenheit verloren?

Seit der Geburt hat sich der Gedankenkörper vom ICH BIN entfernt. Ich lerne Denken, das ist gut, das ist böse. Ich lerne Laufen, ich bin gut, ich kann ein Haus bauen, ich verstehe Zusammenhänge. Manche sagen, der ist gut, der kann was, mit dem muss man sich gut stellen, der hat Macht und Einfluss.

Ich bin der Größte, ich brauche keinen. Mann soll auf mich Rücksicht nehmen. ICH BIN!

So hat sich das Bewusstsein immer mehr vom Göttlichen ICH BIN entfernt und in ein einnehmendes EGO verwandelt. Das Göttliche ICH BIN wurde mit tausend neuen Mauern umstellt, einbetoniert.

Das Licht ist nicht aus, aber es ist ausgeschlossen! Die Brücke vom EGO zum Göttlichen ICH BIN ist verstellt. Den Weg zum Göttlichen ICH BIN zu suchen ist eine dringliche, aber lohnende Aufgabe, um seinen eigenen Frieden zu finden.

Gott ist

ICH BIN – ewig, Göttlich, vollkommen, zeitlos, unverwundbar, unzerstörbar, eins mit allem Leben und eins mit allen Dingen, schön, hell

ICH BIN – ohne jeden Zusatz, denn jeder Zusatz schmälert das Göttliche.

Gott ist – groß, gerecht, allmächtig? Nein – Gott ist!

Mein Bewusstsein ist keinesfalls vollkommen, es ist dem Wandel und der Zeit unterworfen, dem Altwerden, dem Sterben.

Es liegt einzig an mir, mich mit meinem Verstand zu identifizieren, oder mit meiner Seele. Innerer Friede kann nur durch die Vereinigung meines Bewusstseins mit meiner Seele, mit meinem ICH BIN entstehen.

Verse, Sprüche

Auch an Tagen, da Regendunst den Berg verhüllt, ist er wunderschön!

Vom Blütenzweig. Einem, der ihn brach, schenkte er dennoch seinen Duft!

Es ist nicht gut zu sagen: „Ich suche Gott". Da Gott überall und auch in mir ist, kann man nur um Erkenntnis bitten. Aus dem Schatten an das Licht zu treten. Die ewig angebotene Hand zu ergreifen. Sich dem Göttlichen nicht entsagen.

Luise Rinser Miriam

Wo wohnt Gott?

Wo anders als im Innersten, im Unzerstörbaren!

Der große Feind des Wissens ist das Wissen wollen.

Das Suchen, anstelle des Seins.

Nicht arm oder reich, Haben oder Nichthaben.

Es ist das Habenwollen, um dessen Willen ihr euch aufreibt, euch hasst, euch betrügt, mordet, Kriege führt!

Ich habe nur ein einziges Paar Sandalen und ich vermisse nichts.

Gibran, Garten des Propheten

Wer ist Gott?

Denk an ein Herz, das all eure Herzen enthält!

An eine Liebe, die all eure Liebe umfängt!

An einen Geist, in dem all eure Geister Platz haben!

An eine Stimme, die all eure Stimmen umschließt!

An ein Schweigen, das tiefer ist als all euer Schweigen und zeitlos!

Sucht nun eine Schönheit wahrzunehmen, zauberhafter als alles Schöne!

Einen Gesang, gewaltiger als alle Gesänge des Meeres und des Waldes!

Eine Erhabenheit…

Wer ist Gott?

Er ist die Gesamtheit des Lebens aus allen Zeiten – Zeitlos – Endlos – offene Ewigkeit – Raum und dauernder Fluss der Gedanken, die Ewigkeit des Raumes.

Ständig erschaffend – vom Gedanken zum Licht – vom Licht zur Materie – Jenseits von Zeit, Entfernung, Maßeinheit.

Unser eigenes Sein, unsere Seele ist Gott, Göttlich, Teil des alles umfassenden, Göttlichen Gedankens. Unser Sein – offen – unbegrenzt – schöpferisch – freientscheidend – ICH BIN!

Freude

Freude sein heißt Gott sein. Freude ist Freiheit ohne Grenzen, ohne Unterbrechung, ohne dass darüber ge- oder verurteilt wird, ohne Angst, ohne Schuld.

Da ist kein Platz für Eifersucht, Wut, Bitterkeit, Krieg, Hass. Da ist Frieden. In Freude leben heißt die Zeit aufheben. Freude heißt auch sich selbst lieben und dadurch Gott lieben.

Unklar ist mir, bedeutet Freude auf mich bezogen nicht EGO? Begrenzt mein EGO nicht die Freude meines Freundes, meines Nachbarn? Oder ist Freude ohne Liebe keine Freude?

Soll ich nicht auch die Not, die Sorge, den Schmerz empfinden, in ganzer Tiefe durchleben, um die Gegensätze zu erleben?

Ist es nicht richtiger, alle Gefühle zu erfassen, um zu lernen, dass alles Eins ist? Im Schmerz die Freude und in der Freude den Schmerz mitschwingen zu lassen? Durch Liebe beide Werte zu verbinden und dadurch zu neutralisieren?

Khalil Gibran sagt: „Frei wirst du nicht sein, wenn du alle Sorgen ablegst, sondern erst dann, wenn sie dein ganzes Leben umfassen und du dich nackt und ungebunden über sie erhebst."

Religionen

Die Religionen versprechen das Himmelreich, um dort die Liebe und die Freude zu erfahren.

Damit übernehmen sie wenig Verantwortung über die Erde. Für die Hälfte aller Menschen ist die Erde die Hölle!

Religionen sind manchmal Teil des Problems.

Religionen sollten sich auf ihre Grundsätze (aller Religionen) besinnen und vereint mit einer säkularen Ethik die Welt verändern.

Licht

Da, wo Licht ist, gibt es keine Dunkelheit, sondern nur Schatten. Da, wo kein Licht ist, gibt es Dunkelheit.

Materie

Die Materie schafft doch nicht den Geist, sondern der Geist schafft die Materie.

Liebe

Sich einklinken in den strömenden Fluss der Liebe!

Sehen

Wenn du die Augen schließt, betrachtest du das Licht durch das dritte Auge in der Stirn.

Kriege

Auch die „Heiligen Kriege" des Islam sind karmisch, denn wieviel Leid und Mord wurden schon im Namen Christi verursacht.

Heimkehr

Wenn ein Wassertropfen in das Meer zurückkehrt, freut sich das Meer, so wie ein Vater sich freut, wenn der verlorene Sohn zurückkehrt.

Stein

Vielleicht ist ein Stein ein liebender Gedanke in fast unvergänglicher Form.

Geburt

Die Geburt ist nichts anderes als die Vertreibung aus dem Paradies.

Heimat

Du gehst nicht zu einem unbekannten, ungewissen Ziel, sondern du kommst nach Hause und wirst liebend angenommen, wie der verlorene Sohn. Begleite mich auf meiner letzten großen Wanderung ins Licht.

Tat

Der liebende Gedanke, einflussnehmend auf die Materie, was ist der Gedanke ohne die Tat wert?

Neustart

Alle Schuld, alles was mich betrübt, bedrückt, deprimiert. Allen verzeihen, um Verzeihung bitten, ins Reine kommen.

Alles in einen Rucksack packen und dem Göttlichen übergeben. Loslassen und neu anfangen.

Drevermann

Drevermann kritisiert an der Kirche unter anderem die Trennung von Gott. Auf der einen Seite Gott, auf der anderen Seite die Schöpfung. Laut Drevermann ist alles Eins, es gibt nichts außerhalb Gottes! Ich bin Eins mit Gott, die Dualität ist überwunden.

Es gibt keine Materie

Für Dürr gibt es keine Materie, jedenfalls nicht im geläufigen Sinne. Es gibt nur ein Beziehungsgefüge, ständiger Wandel, Lebendigkeit.

Wir tun uns schwer, uns dies vorzustellen.

Primär existiert nur Zusammenhang, das Verbindende, ohne materielle Grundlage.

Man könnte es auch Geist nennen.

Friedrich Schiller

Es ist der Geist, der sich den Körper baut.

Sir Jon Eccles Neurowissenschaftler

Es ist ein autonomes Geistiges, welches sich sein Gehirn selbst formt.

Identität

Meine wahre Identität ist nicht die Materie, sondern der Geist. Die Materie ist die Hardware, der Geist ist die Software. Besser, die Materie begrenzt den Geist. Der Geist ist nicht auf die Materie angewiesen.

Bei außerkörperlichen Erfahrungen sieht der Geist ohne das Auge, hört der Geist alle Frequenzen ohne Ohren. Bewegt sich der Geist ohne Beine, ohne Fahrzeuge, wohin ihn der Gedanke trägt.

Fühlt das Bewusstsein alle Stimmungen, Gedanken anderer, öffnet sich das Bewusstsein dem Weltwissen, fühlt gut und schlecht und erkennt die strömende Christusliebe.

Periodensystem Homöopathie

Die Natur ist allseits belebt und dieses Leben entfaltet sich nur graduell verschieden.

Es schläft im Stein, träumt in der Pflanze und erkennt sich selbst im Weisen.

Einheit, Dualität

Am Anfang war das Wort. Ich meine, am Anfang allen Seins war der Gedanke oder auch das Göttliche Bewusstsein.

Das Wort wird Fleisch, Geist wird Materie.

Doch alles ist Eins. Das Gottbewusstsein gebiert das Menschbewusstsein. Das Menschbewusstsein gebiert die Menschenmaterie. Hineingeboren in die Gedankenform. Alles entspringt dem Gottesbewusstsein. Mensch, Tier, Pflanze, alles ist Eins!

Begrenzungen

Sind unsere Sinne unsere ganze Welt?

Hören wir alles? Nein, hohe und tiefe Töne hören wir nicht. Wo sind die Grenzen? Tiere hören besser. Was ist außerhalb unserer Grenzen?

Sehen Wir alles? Nein! Katzen und Nachtvögel sehen anders. Wir kennen viele Strahlen, die wir nicht sehen. Was ist jenseits dieser Grenzen?

Fühlen wir alles? Nein! Unser Tastsinn ist begrenzt. Eine Vielzahl von Messgeräten ist genauer als unsere Wahrnehmungen!

Riechen wir alles? Nein! Hunde riechen 300 mal besser als wir. Was ist außerhalb dieser Grenzen?

Schmecken wir alles? Nein! Was ist außerhalb dieser Wahrnehmungen? Was ist mit unseren Gedanken, unserem Bauchgefühl, mit unserer Intuition, unserem Gewissen? Mit welchen Sinnen nehmen wir Strahlungen oder Radiowellen wahr?

Sind wir in einem Gefängnis der Beschränkungen? Ist es nicht vermessen anzunehmen, dass unser Tagbewusstsein die Grenzen unseres Seins darstellen?

Jede neue wissenschaftliche Erkenntnis erweitert unsere Sicht nur um ein winziges Detail.

Ja, wir haben Grenzen. Unser Horizont ist nahe, aber es gibt etwas hinter dem Horizont. Lasst uns über die Grenzen hinweggehen. Lasst uns in die Unendlichkeit eintauchen. Raum und Zeit sind nicht real.

Schon in unseren Träumen sprengen wir alle Grenzen. Sollten wir nicht Dinge als Erkenntnis annehmen, von denen unsere Intuition sagt, das ist richtig!

Man sieht nur mit dem Herzen gut, sagte der kleine Prinz.

Wie ist das mit außerkörperlichen Erfahrungen? Man betrachtet sich von außen, aus der Distanz. Man sieht mit welchem Auge? Man hört mit welchem Ohr? Man fühlt mit welchem Organ?

Menschen mit außerkörperlichen Erfahrungen berichten von so schönen Farben, dass sie diese nicht beschreiben können, von Melodien, die sie nicht beschreiben können, von Licht, das sie nicht beschreiben können. Sie können die Gedanken anderer erfassen, sie berichten von Räumen, wie wir uns das Paradies vorstellen.

Sie berichten von einem erweiterten Bewusstsein, von Wissen über unser Wissen hinaus, von Geborgenheit und Wärme.

Sie berichten von den Schwierigkeiten, wieder in das Gefängnis ihres Körpers, ihrer Welt zurückzumüssen. Zurück in das begrenzte Tagbewusstsein. Das Leben zu meistern, zu atmen, zu laufen, zu arbeiten.

Ist es nicht folgerichtig anzunehmen, dass unser Bewusstsein nicht an die Materie gebunden ist, dass das Bewusstsein nicht ein Produkt des Körpers ist, sondern der Körper ein Produkt des Bewusstseins, der Seele ist?

Ist es nicht so, dass eine Quelle des Lebens, der Liebe, nennen wir es einmal Gott, die Schöpfung gedacht hat? Aus Geist wird Raum, Licht, aus Licht Lebenskraft, aus Lebenskraft Materie. Unterschiedliche Aggregatzustände aus ein und demselben Geist. Wie Wasserdampf zu Wasser und zu Eis wird.

Wird es mit diesen Gedanken nicht leicht zu folgender Erkenntnis zukommen?

Unsere Seele ist frei und rein. Sie hat ihren Ursprung in Gott. Sie steigt in die Welt der Materie, des Egos hinab, um alle Erfahrungen anzustreben, um zurückzukommen zu ihren Wurzeln, zu Gott.

Nicht zu lieben, sondern Liebe zu sein!

Segen

Ich stehe in der strömenden Liebe meines Christus.

Ich halte meinen Kelch zu Dir empor, große Gegenwart der Liebe.

Fülle jetzt diesen Kelch bis er sanft überfließt.

So stehe ich in Deinem Strome und bringe Dir meine Liebe und Anbetung dar.

Seele

Leben entsteht nicht durch die Verbindung von Ei und Samen, sondern durch die Verbindung von Materie und Geist.

Materie ist Zeit und Raum.

Geist ist Seele, Leben, Christus, Gott, Liebe.

Alles Leben ist im Göttlichen verwurzelt.

Ein Mönch aus Tibet im 8. Jahrhundert.

Wenn die Vögel aus Eisen sind und die Pferde Räder haben, werdet ihr eure Freiheit verlieren und müsst nach Westen ziehen!

Wahrheit

Wenn du mir etwas mitteilen möchtest, lasse deine Worte erst durch die drei Siebe fließen.

Durch das Sieb der Wahrheit.

Durch das Sieb der Güte.

Und stelle die Frage, wem nutzt das.

Erst wenn alle Entscheidungen gut sind, teile mir die Worte mit, sonst schweige lieber!

Lehren

Gott als wunderbare Weisheit kann alle individuellen Wahrheiten in sich zur Weisheit vereinen.

Der Mensch, als begrenztes Individuum, sucht seine Wahrheit aus seinen begrenzten Erfahrungen und dem Verstehen seiner Seele aus allen bisherigen Leben.

Nur diese, seine begrenzte Wahrheit, kann auch nur eine große Seele, einen Lehrer, oder auch uns, mit unserem Verständnis, als Lehre weitergeben.

Dieses Empfinden der eigenen Wahrheit muss noch durch Worte ausgedrückt werden und wird dadurch weiter verfälscht.

So kommt es, dass viele Lehren und Lehrer unterschiedliches Wissen weitergeben.

Wir können dieses Wissen in uns aufnehmen und die in unsere eigene Erfahrung passenden Werte als Bausteine für unsere kleine Weisheit verwenden.

Entwicklung

Geht und lernt von Euren Lehrern und Religionen bis Ihr Euch langweilt oder bis sie für Euch nicht mehr stimmen.

Dann sucht die Antworten, die sich im Innersten Eurer Seele richtig anfühlen.

Eure Seele weiß, was für Euch die Wahrheit ist und sie wird es Euch durch die Gefühle mitteilen.

Wenn sich die Erkenntnis richtig anfühlt, frohlockt Eure Seele.

Schöpfung

Es gibt keinen Schöpfer außer dem Geist!

Zwei Wölfe

Eine alte Indianerin saß mit ihrer Enkelin am Lagerfeuer. Es war schon dunkel geworden, das Feuer knackte, die Flammen züngelten zum Himmel.

Die Alte sagte nach einer Weile des Schweigens: „Weißt du wie ich mich manchmal fühle? Es ist, als ob zwei Wölfe in meinem Herzen miteinander kämpfen würden. Einer der beiden ist rachsüchtig, aggressiv und grausam. Der andere ist liebevoll, sanft und mitfühlend."

„Welcher der beiden wird denn den Kampf um dein Herz gewinnen?" fragte aufgeregt das Mädchen.

Bedächtig antwortete die Großmutter: „Der, den ich füttere".

Tiere

Ich erinnere mich an den Bericht eines Journalisten in Afrika, der in einer traurigen Stimmung von einer Tierstation aus in den Urwald ging. Er setzte sich in einer Lichtung auf den Boden und dachte über sein Problem nach.

Nach einer gewissen Zeit setzte sich ein Schimpansen Weibchen neben ihn und legte den Arm um seine Schultern um Nähe zu zeigen und um Trost zu spenden.

Zurück im Lager berichtete er von seiner Erfahrung. Eine dort tätige Ärztin sagte, dass dies nicht ungewöhnlich sei. Sie selbst würde in ähnlichen Situationen auch in den Wald gehen und ähnliche Zuneigung erfahren.

Mich selbst haben Hunde über 30 Jahre mit ihrer Liebe und Treue begleitet. Meine Gedanken und Stimmungen genauer gelesen als ich selbst.

Meine Meinung ist, dass Hunde wie wir Menschen auch, eine Göttlich reine, freie Seele haben und gelegentlich einen Ausflug in ein Hundeleben machen.

Sich vom Göttlichen distanzieren. Die wahre Identität ist nicht die Materie, sondern der Geist.

Ziel des Menschseins, des Tierseins, ist es, sich als eine Persönlichkeit mit einem EGO wahrzunehmen. Aus Erfahrungen zu lernen. Auch die Gottferne, das Einsame wahrzunehmen, um mit einer gewissen Lebenserfahrung sich wieder der Einheit zuzuwenden.

Könnte es sein, dass das Tier noch mehr im Jetzt, der Gegenwart, der Gruppe, dem Schwarm lebt und den Ausflug in das EGO nicht so benötigt wie der Mensch?

Verstand – Gefühl

Viele Menschen leben im EGO, im Körper, ganz im Verstand. Wissensmenschen, keine Glaubensmenschen.

Bauchmenschen, dem Gefühl zugewandt, die Seele suchend und sie eventuell auch zu finden. Sich dem Göttlichen nähern heißt auch, sich vom EGO, vom Körperlichen zu entfernen.

Eventuell gelingt es, das Körperliche von der Warte der Seele aus zu beobachten. Alle Schmerzen und Unzulänglichkeiten zwar anzunehmen, sich aber dennoch frei und ungebunden darüber zu erheben.

Energie

Höchstspannung	- Gott
Hochspannung	- Weltenseele
Mittelspannung	- Menschenseele
Niederspannung	- Individualseele

Tausend weitere Spannungsebenen, alles Energie bis zum kleinsten Atom.

Keines kann ohne die vorherige, die höhere Energie existieren.

Alles in Abhängigkeit. Alle Energie kehrt zu ihrem Ursprung zurück. Alles ist EINS.

Politik

Politiker orientieren und informieren sich ausschließlich bei Reichen, bei Lobbyisten, Erfolgreichen, nicht bei Weisen.

Aus diesem Grund ist das politische Ziel, Wohlstand und Reichtum für sich und das Volk. Nicht aber das Glück der Menschen.

Der Weg zum Reichtum fordert aber Rücksichtslosigkeit, Machthunger, EGO und fordert manchen Verlierer.

Anstelle des Begriffes Güte steht das Sponsoring, anstelle Brüderlichkeit steht der Begriff Elite. Nicht, was dient den Menschen, sondern, womit lässt sich Geld verdienen. Nicht die Zuwendung, sondern das EGO steht im Vordergrund.

Macht des Denkens

Wie lange braucht ihr, um glücklich zu werden? Nicht länger als es braucht, Freude zu denken. Sofort beginnt ihr zu strahlen!

Wie lange braucht ihr, um verzweifelt zu werden? Nicht länger als es braucht, Verzweiflung zu denken. Schon seid ihr verzweifelt!

Was lernen wir daraus? Dass wir jederzeit die Wahlmöglichkeit haben, beides zu werden. Wir können unser Denken ändern. Das ist Freiheit! Damit überschreiten wir alle Grenzen!

Wenn ich glaube, dass etwas ist, dann wird es Wirklichkeit. Sei, der du bist, frei, sei Liebe, höre auf die Liebe in deinem Innern.

Suche nicht die von anderen vorgelebte Wahrheit, oder auch eine gelehrte Wahrheit. Sei dein eigener Lehrer! Nur du selbst kannst dein Selbst entwickeln.

Wahrheit – Lüge

In den eigenen Gedanken gibt es keine Unwahrheiten.

Erst die taktischen Gedanken können verbal zu Unwahrheiten führen.

Der Denkende erkennt natürlich den Zwiespalt.

Wo ist Gott?

Wo ist Gott? Überall! Über dem All und in dem All!

EGO

Das UR ICH ist die Liebe.

Das ICH ist das EGO.

Diese Spaltung bewirkt, dass Menschen zweigeteilt sind.

Einerseits liebende Wesen gegenüber Freunden und der Familie.

Andererseits rücksichtslose Wesen, dem EGO verpflichtet, wenn es um Beruf, Geld oder Ansehen geht.

Ulrich Warnke Quantenphilosoph

Bewusstsein

Ohne Bewusstsein existiert nichts auf der Welt.

Die Entdeckung des menschlichen Geistes als Schöpfer materieller Realitäten ist eine Sensation!

Der Geist formt die Materie. Dies ist auch in alten Weisheitslehren bekannt.

Roland 1995

Es besteht eine Korrelation zwischen Hirnströmen und Aktivität. Dies beweist aber nicht die Kausalität.

Ruft die Aktivität der Hirnrinde das Bewusstsein hervor oder werden die Gehirnareale erst durch das Bewusstsein aktiviert?

Im ersten Fall entsteht Bewusstsein im Kopf, im zweiten Fall ist das Gehirn nur ein Werkzeug, über das nicht materielles Bewusstsein vermittelt wird.

Nach meiner Meinung sind Materie und Bewusstsein auf verschiedenen Energieebenen. Die niedere Energie Materie kann ohne die höhere Energie Bewusstsein nicht existieren.

Liebe

Ich bin ist Gott und Einheit!

Schöpfung benötigt zur Entwicklung die Polarität und die freien Entscheidungen bis zur Rückkehr in die Einheit.

Die Schritte sind die Erkenntnis der Existenz Gottes, des kosmischen Harmoniegesetzes der Liebe, des Ichs als Teil Gottes, das Bestreben, Harmonie und Liebe zu werden.

Ich fühle mich als Waage. Ich fühle die Tropfen der kosmischen Liebe in die Waagschale fallen. Ich fühle sie körperlich und sehe sie mit geschlossenen Augen.

Ich habe die Erkenntnis, dass die Waagschale schwerer wird, wenn ich etwas herausgebe, jeder liebe Gedanke verstärkt das Gewicht.

Bis die abfallenden Blütenblätter (Barrieren) das Licht ganz in mich einlassen. Bis die Waage ganz auf Liebe steht und die Polarität des ICHS nicht mehr notwendig ist.

Gedanken

Du magst der Meinung sein, dass du zwar für dein Handeln verantwortlich bist, aber nicht dafür, was dir durch den Kopf geht.

In Wahrheit aber bist du verantwortlich für dein Denken. Denn nur hier kannst du Entscheidungen treffen. Deine Handlungen folgen deinem Denken.

Denken ist verdichteter Geist, Körper ist verdichtetes Denken, alles die gleiche Substanz wie Eis, Wasser und Dampf, das gleiche Element auf verschiedenen Schwingungsebenen.

Willenskraft

Der Entschluss zu einer Tat soll keine Zweifel dulden, keine zweifelnden Gedanken, keine bequemen Entschuldigungen.

Denkt man ausschließlich nur an die vor uns liegende Tat, so kann sie ohne alle Zweifel ausgeführt werden. Der Körper folgt der Willenskraft.

Es ist falsch zu denken: Ich bestehe aus einem physischen Körper, Fühl- und Denkkörper, und trage in mir das Göttliche ICH BIN.

Richtig ist: Ich bin das allumfassende Göttliche Prinzip, Liebe, Friede, manifestiert im ICH BIN, und der physische Körper mit seiner Denk- und Fühlwelt ist nur eine Teilmanifestation des Ichs auf niedriger Schwingungsebene, ist nur ein Diener auf dem Erlebnistripp des Rolands für eine kleine Zeit.

Ich bin Eins mit allem Leben, allen Dingen. Ich stehe im Strom allen Lichtes, Strahlen der Liebe, der Freude, der Kraft, der Weisheit.

Schöpfung

Am Anfang war Gott als reiner Gedanke, aber ohne die Möglichkeit, lebendig die Dinge zu sehen und zu begreifen.

Gott wählt den Weg der Betrachtung und Erweiterung. Er setzt seine Schwingung herab, wird größer, wird zu Licht. In diesem Moment wurden wir alle als Lichtgeschöpfe geboren.

Wir als Lichtgeschöpfe haben die gesamte Schöpfung gedacht und dadurch erschaffen. Als Lichtgeschöpfe nehmen wir am zeitlosen Kreislauf Mensch – Licht (Reinkarnation) teil.

Materie – Licht

Dein Körper ist nur personifizierter Gedanke!

Geist in sichtbarer Gestalt!

Übe den schnellen Flug.

Erreiche die Vollkommenheit im Gedankenflug.

Gezielt und durch alle Zeiten.

Chiangs Gefieder wurde Licht und Lichter, strahlte, blendete, löste sich auf. Jonathan, lerne die Liebe!

Gnade

Du bist mit dem Göttlichen eins. Die Einheit ist dir bewusst. Ein Individuum mit dem Göttlichen Bewusstsein, der gleichen Schwingung, vollkommen.

Du wirst Mensch und steigst durch das Tor des Vergessens (Geburt), als Kind nahe beim Göttlichen. In der Erziehung, dem Umfeld, den Erfahrungen, dem Lernen von den Erwachsenen, der Anpassung, wird das EGO gestärkt und das Göttliche Bewusstsein verdrängt.

Die Erfahrungen mit der freien Entscheidung vertiefen das EGO. Auf dem Höhepunkt des EGO kommt die Frage nach dem Sinn des Lebens. Die Erfahrung einer Liebe oder eines Schicksalsschlages oder die Begegnung mit dem Tode vertiefen diese Fragen.

Wie das Leben verläuft, wie meine Entscheidungen zu Gut oder Böse tendieren, das Leben im EGO oder in der

Liebe eskaliert oder neutral vor sich hin dümpelt. Ob die Summe der Lebenserfahrungen positiv oder negativ ausfällt.

Die Erkenntnis erfolgt nach dem physischen Tod. Dort ist eine Bewertung möglich. Du fällst zurück in die Einheit und wirst liebevoll und unversehrt angenommen.

Das vergangene Leben, ein Traum. Ein Samenkorn, das auf fruchtbaren Boden gefallen ist oder auf einen Felsen oder in eine Dürre hinein. Kein Korn geht verloren!

Zurück in die zeitlose Ewigkeit, um eine neue Erfahrung reicher, eine Erinnerung an einen Augenblick, einen Ausflug von der Ewigkeit in die Zeit.

Vergessen, dass die Ewigkeit immer da war und da ist.

Zeit ist Illusion

Wir erfahren in den höchsten Oktaven, dass unser Körper niemals krank sein muss, dass wir über Feuer laufen können, dass es uns sogar gegeben ist, Tote wieder zum Leben zu bringen.

Wir erkennen, dass wir auf geistigem Wege in Verbindung mit anderen Wesen treten können, unmittelbar von ihnen lernen können, überall im ganzen Universum Lösungen für irgendein Problem finden können.

Wir erleben den spirituellen Aspekt, der Gott genannt wird, der Quelle der schöpferischen Energie ist und schließlich erfahren wir, wie der Emotionalkörper Ekstase, Verzückung und Freude erleben kann.

Fluss der Zeit

Am Flusse spiegeln sich die Einzelschicksale – Vater – Siddhartha – Sohn – alle Menschen. Sie eilen von Biegung zu Biegung, zum Wasserfall, zum Meer, um als Dampf zum Himmel zu steigen und neu als Regen, Quelle, Bach, den Kreislauf von Neuem zu beginnen.

Reicher an Erfahrungen, zusammen mit Vollendeten und Unvollendeten, als Teil der Einheit. Seine Gedanken vom Individuum zu lösen und in die Gesamtheit einfließen zu lassen heißt: Die Einheit zu erfahren, vollendet zu sein, die Zeit zu überwinden.

Das tägliche Schicksal froh, voller liebender Einverständnisse annehmen, als Teil einer neuen Erfahrung auf dem Weg zur Vollkommenheit. Denn im Zeitlosen ist alles vereint, alles vollkommen.

Sünde – Gnade – Geburt – Tod – Räuber – Buddha – Sünde – Heiligkeit – Klugheit – Torheit, alle sind vereint. Nicht die Welt mit einer ausgedachten Vollkommenheit zu vergleichen, sondern sie lassen wie sie ist, sie zu lieben, ihr gerne anzugehören:

Alles bedarf meines liebenden Einverständnisses.

Tod

Meine Seele ist göttlichen Ursprungs, zeitlos. Jetzt gerade strebt sie in der Verkörperung des Roland neue Erfahrungen zur Vervollkommnung an.

Senta sagt: Bein Tode legst du den physischen Körper ab. Der Kausalkörper bleibt bei dem physischen Körper bis die Materie aufgelöst ist. Die Atome des Körpers stehen dann für einen neuen Körper zur Verfügung. Sie haben den Stempel der Roland Seele.

Im dritten niederen Körper, dem Astralkörper, bleiben alle Erfahrungen der Roland Seele gespeichert.

In der körperlosen Zeit folgt die Phase des Erkennens über die eigene Position. Der Wertung von allem Negativen (Hölle) verbunden mit einer tiefen Reue und der Wertung von allem Positiven (Glückseligkeit).

Die Verarbeitung aller Erfahrung verbunden mit dem allumfassenden Weltwissen. Die Erkenntnis, wo neue Erfahrungen noch fehlen und bereits die Planung für eine neue Verkörperung.

Alles in einem Umfeld Göttlicher Nähe und Geborgenheit.

Zeit

Zeit ist nicht real.

Erlebte Freude und Leid, Hitze und Kälte, Liebe und Hass, im breitesten Spektrum, in der ganzen Tiefe. Werte und prüfe jedes Detail alleine nach dem Maßstab Liebe oder Nichtliebe.

Schiebe dann alle vergangenen Erlebnisse zeitgleich übereinander. Schaue aus der Entfernung auf das Gesamtbild.

Frei und ungebunden, unbelastet aus der Vergangenheit, wertneutral betrachtend. Vollkommene Liebe für die Zukunft anstrebend. Glücklich die Gegenwart erleben.

Nur im Jetzt kann ich handeln und verändern.

Materie

Auch Materie ist nicht real. Durch Erhöhung der Schwingung wird Materie zu Licht. Durch weitere Erhöhung wird Licht zu reinem Gedanken. Die höchste Schwingung ist die Quelle des liebenden Gedankens nämlich der Göttliche Ursprung

Wie ein Wasserfall in Kaskaden über eine hohe Felswand herunterstürzt, fließt die Liebe durch alle Ebenen herunter bis zu uns.

Unsere einzige Lebensaufgabe ist es, sich dieser Quelle bewusst zu werden und mit immer größeren Gefäßen diese Substanz aufzufangen und auch wieder auszugießen.

Das Erhaltene in seinem Herzen zu mehren (wie die anvertrauten Pfunde in der Bibel) und weiterfließen zu lassen. Die Erfahrung machen, je mehr Liebe ich gebe, desto größer wird der Vorrat.

Glück

Alle Wünsche drängen zur Erfüllung.

Sie sind an sich weder gut noch schlecht.

Unerfüllte Wünsche sind Fesseln zur Inkarnation.

Gut ist loslassen zu können, unabhängig zu werden.

Den physischen Körper nicht so wichtig zu nehmen.

Einfach glücklich sein!

Leid

Unsere Tochter Laura hat beim Spielen ein schweres Metallteil an den Kopf bekommen. Sie ist bewusstlos, hat erbrochen und hat eine Wunde an der Stirn.

Das Wissen, welche Folgen ein solches Krankheitsbild haben kann, lähmt alle Empfindungen für eine Sekunde und löst daraufhin einen unendlich starken Liebesstrom aus, in den ich Laura einhülle.

Angst hält mich gefangen. Ich springe von einer Klippe in den Abgrund, in die Dunkelheit. Das Herz will stehenbleiben.

Aber es ist, als hätte ich einen Flugdrachen. Ich spüre den Auftrieb. Noch ist es kalt und regnerisch. Die Sicht wird klarer, das Tal weiter.

Ich fliege schwerelos auf die untergehende Sonne zu. Alles wird gut.

Schatten

Licht und Schatten sind nicht wirklich Gegensätze. Schatten entstehen durch Barrieren zum Licht. Dunkelheit ist die Abwesenheit von Licht.

Wie die Knospe den Samen im Dunklen verbirgt und nur langsam die Schutzkapsel sprengt. Blütenblatt um Blütenblatt entfernt, um erst dann den Samen freizugeben.

Eine neue Dimension, der alte Körper ist nicht mehr notwendig.

Entferne die Barrieren, die dich vom Licht trennen.

Sei frei!

Gott hat keinen Plan. Er ist das sich immer neu entwickelnde Jetzt bzw. Sein. Dadurch wird meine individuelle Freiheit der Gedanken nicht begrenzt.

Es gibt keinen Lebensplan, sondern nur das Drängen der Seele auf weitere Erfahrungen, bis ich unbegrenzte Liebe, unbegrenzte Freude, zeitlos, jetzt sein kann.

Es gibt kein Gesetz, kein Unrecht. Es gibt das Böse nicht und nicht das Gute. Diese menschliche Einteilung engt ein, macht Schuldgefühle.

Sei frei! Das ,so sein' annehmen, das sogenannte Schlechte, die Schuldgefühle zurücklassen. Alles als Erfahrung annehmen, frei sein.

Solange du an Gut oder Böse glaubst, lebst du begrenzt, lebst du in Furcht. Jeder von uns ist Mörder oder Betrüger, denn ob eine Tat nur gedacht oder auch ausgeführt wird hat keine Bedeutung. Töten aber können wir nicht. Leben ist immerwährend.

Habe dein eigenes Gesetz, das Gesetz der Liebe. Dadurch werden Krieg, Gewalt, Macht, EGO überflüssig, du bist frei!

Weiterkommen

Wie kann ich dem Kreislauf der Wiedergeburten entkommen? Weiterkommen, auf eine höhere Ebene. Den Wunsch aufgeben, als Mensch zu reinkarnieren.

Einfach nichts als leben wollen, nichts als lieben zu wollen. Teil ganz einfacher Dinge zu werden, sich von Idealwerten zu befreien, die einen einschüchtern, begrenzen, die Freiheit einschränken. Aufhören, sich zu vergleichen, sich einzuordnen, besser werden zu wollen

Die Grenzen ablegen, einfach zu SEIN. Das heißt Eins sein mit allem Leben. Ich habe alles Leben geliebt, das es hier gibt, alle Erfahrungen abgeschlossen.

Ich will eine neue Erfahrung, eine neue Dimension.

Gewalt

Du begegnest einem Menschen und fühlst, ob du ihm nahe bist, ob er dein Freund oder dein Feind sein wird. Endet die Begegnung unfreundlich, wirst du auch in seinem Umfeld feindlich wahrgenommen.

Kollektiv verfeinden sich Familien, Dörfer, Städte, Ethnien, Religionen, ganze Länder. Meist sind wirtschaftliche Faktoren ursächlich.

Die Lehren der Gewaltlosigkeit haben scheinbar keine Wirkung. Aber auch die Ausdehnung der Gewalt scheitert. Gewalt schürt neue Gewalt und Angst. Diese Angst gilt es zu überwinden.

Sich der Weltenseele zuwenden, sich der Einheit mit allen Dingen bewusst werden, sich der Liebe zuwenden.

Wird das je auf unserem Planeten gelingen?

Nationalstolz

Deutschland hat sich in den vielen Jahren nach dem Zweiten Weltkrieg verändert. Über einen so langen Zeitraum gesagt zu bekommen, dass die Deutschen durch den Holocaust die größten Verbrecher sind, die es je gegeben hat, fördert den Nationalstolz nicht gerade.

Obwohl ich zur Nachkriegsgeneration gehöre, verbindet mich mit Deutschland wenig. Die meisten Spitzbuben, die ich kenne, sind Deutsche. Der Holocaust hat mir den Nationalstolz, die Vaterlandsliebe genommen.

Ich glaube, dass der gesunde Nationalismus oder die Vaterlandsliebe in Deutschland einem individuellen Egoismus um Macht und Geld gewichen ist. Niemand kommt in Deutschland auf die Idee wie in Amerika mit der Deutschlandfahne und der Nationalhymne durch die Straßen zu ziehen, wenn irgendein Unglück geschehen ist. Diese Solidaritätsgefühle beschränken sich bei uns auf Fußball Fanclubs.

Vielleicht ist dieses mangelnde Nationalbewusstsein eine Chance, ein Europäisches Gefühl zu entwickeln.

Vielleicht sind dies auch die Auswirkungen von einer Nachkriegsgeneration, der gesagt wurde: Du musst es ganz alleine schaffen, gebrauche die Ellenbogen, zeige deine Stärke, wer auf der Strecke bleibt ist selber schuld. Nur wenn du dich selbst liebst, kannst du gewinnen. Zu den Gewinnern zu gehören ist das Wichtigste im Leben geworden.

Vielleicht sind das die großen Irrtümer dieser Zeit. Erfolg mit Glück zu verwechseln und EGO mit Liebe, wobei gerade die Liebe der Gegenpol zum EGO ist, zwei entgegengesetzte Richtungen.

Es ist an der Zeit, alten Werten wieder eine neue Dimension zu geben.

Den Nächsten zu achten, den Nächsten zu helfen, den Verlierer zu trösten, dem Traurigen zu helfen, den Fremden kennenzulernen. Gemeinsam größere Pläne umsetzen, den Fremden zu achten. Sich keinen Feind zu machen durch falsches Verhalten. Auf den Außenseiter zuzugehen. Güte und Freundlichkeit ausstrahlen. Zu teilen, zu schenken, zu lieben.

Gerade bei dieser Aufzählung ist mir aufgefallen, dass ich unbeabsichtigt neutestamentliche Werte genannt habe. Ein deutliches ja zur Weltethik.

Die Welt zu lieben anstelle sie zu beherrschen. Ja auch dies sind gegensätzliche Werte.

Eine Entwicklung zur Liebe und zum Frieden kann nur von unten nach oben geschehen. Es fehlen die großen Vorbilder, die in der Lage sind, in jedem Menschen auf der Erde den Schalter von EGO auf Liebe umzustellen.

Wir brauchen jederzeit einen Jesus, Gandhi, Dalai Lama je 100 Einwohner oder besser in jeder Familie. Menschen, die unsere Herzen berühren. Die Vorbilder, die die Liebe sind. Sie könnten unsere Erde in wenigen Jahren in ein Paradies verwandeln.

Was sollen wir tun, solange die großen Heiligen nicht allgegenwärtig sind? Wir müssen die kleinen Heiligen mehr bekannt machen und die starken Egos weniger beachten. Der, der einem Gestürzten aufhilft, ist größer als der, der mit einem Panzer durch die Menschen fährt.

Dabei könnten auch die Medien helfen, oder sind die Einschaltquoten bei den Gewaltdarstellungen rund um die Uhr wichtiger?

Jeder Mensch sollte bedenken, dass niemand, der sich einfach treiben lässt, jemals zur Quelle gelangen wird!

Macht euch die Erde untertan!

Ich sehe das anders!

Ich vertraue Euch die Erde an!

Ich gebe Euch die Macht, die Erde zu zerstören!

Ihr könnt die Erde in ein Paradies verwandeln!

Ihr könnt die Erde in die Hölle verwandeln!

Ich gebe Euch den freien Willen,

Euch für das Eine oder das Andere zu entscheiden.

Dämonen

Jesus kann uns von den Dämonen befreien. Die Dämonen fahren in eine Herde Schweine, die alle in großer Geschwindigkeit den Hang hoch rennen um über den Abgrund zu stürzen.

Ist da nicht auch die Menschheit gemeint? Alle Gott fern, alle getrieben von EGO und Gier!

Alle in Eile auf den großen Abgrund zu?

Ich habe euch die Macht gegeben, die Erde zur Hölle oder zu einem Paradies zu machen.

Seele

Es ist ein glücklicher Moment, in dem du erkennst, dass du nicht mehr auf der Suche bist, sondern dass du die Dinge einfach am Rand deines Weges findest.

Wenn am Ende deines Lebens nicht der Tod ist, dann hat auch dein Weg kein Anfang und kein Ende.

Ich habe aufgehört ES zu lieben und habe begonnen zu lieben.

Sein wie die Blume dort am Hang ihren Duft verströmt oder wie der Bach im Tal seine Melodie der Nacht singt!

Ägypten

Auch in der ägyptischen Philosophie ging man davon aus, dass unser physischer Körper (Khat) eine Ausstrahlung des Energiekörpers (Ka) ist, der wiederum aus (Ba), der großen Seele entstammt.

Dalai Lama

Bewusstsein

Wir müssen die höchste Natur des Bewusstseins verstehen, das ohne Anfang und Ende ist und dessen Kontinuum vom physischen Träger des grobstofflichen Körpers getrennt ist.

Das ist die Basis, von der aus wir zur ursprünglichen Reinheit des Geistes gelangen können.

Aura

Der Mensch hat keine Seele, sondern die Seele hat einen Körper.

Der Körper hat keine Aura, sondern die Aura bildet den Raum, in dem der Körper behütet leben kann.

Gedanke – Licht – Materie.

Wird das Licht ausgeschaltet, stirbt die Materie, so wie die Leinwand dunkel wird, wenn der Projektor ausgeschaltet wird.

Das Bewusstsein gebiert die Materie. Unser Tagbewusstsein kann das allumfassende Bewusstsein nur vage erkennen.

Es verbirgt sich hinter einem Schleier. Erkenntnis ist das Wissen darum, dass unser Tagbewusstsein nicht getrennt ist vom allumfassenden Bewusstsein hinter dem Schleier.

Wenn Zeit, Raum und Materie als Illusion wahrgenommen werden und der Blick auf die andere Seite des Schleiers möglich ist, wird die Erkenntnis des Einsseins mit allen Dingen und der Göttlichen Welt erfahren und geschenkt.

Die Essenz

Unsere wahre Identität ist nicht die Materie, sondern der Geist!

Identifiziere ich mich mit der Materie, sterbe ich. Identifiziere ich mich mit dem Geist, lebe ich zeitlos!

Alle Dinge haben einen geistigen Hintergrund!

Es gibt keine Materie, nur Energie!

Zeit existiert nur in Verbindung mit Materie!

Die Seele ist zeitlos und hat seine Wurzeln im Göttlichen!

ALLES IST ABSOLUT EINS!

Herstellung und Verlag:
BoD- Books on Demand, Norderstedt
ISBN: 9783752858846